Género Ficción

Pregunta esencial

¿Cómo podemos proteger la Tierra?

Nuestro hermoso árbol

Yolanda García
ilustrado por George Ulrich

Capítulo 1 Malas noticias

—¡Nuestra casa del árbol está casi completa! —dijo Sol, mirando el árbol.

—¡Sí! Solo nos falta la escalera y estará lista —dijo Alex.

Sol y Alex habían estado trabajando duramente en su casa del árbol. Estaban ansiosos por tenerla lista.

—Sigamos mañana. Tengo que volver a casa y terminar mi tarea —dijo Alex.

—¡Sol! ¡Alex! ¡Hora de entrar! —llamó la mamá.

—¡Mamá, ven a ver nuestra casa del árbol! —dijo Sol. La mamá salió a mirar.

—¿No se ve genial? —agregó Alex.

—¡Es maravillosa, niños! Pero pronto estará oscuro y deben terminar sus tareas antes de cenar —dijo la mamá.

Se instalaron en la mesa del comedor. Sol hizo su tarea de matemáticas mientras Alex escribía un informe sobre un libro. Todos estaban ocupados mientras el sol se ocultaba lentamente.

Justo cuando Sol y Alex terminaron sus tareas, la madre dijo:

—Por favor, pongan la mesa. Ya es hora de cenar.

Durante la cena, conversaron sobre su día. Sol contó que le había ido bien en la prueba de matemáticas y Alex dijo que la práctica de fútbol había estado buena.

—Tenemos algo que decirles —dijo entonces su padre.

Alex y Sol, curiosos, se preguntaron qué sería lo que su papá tenía para decir.

—Nuestro vecino, el Sr. Morris, vino a hablarnos hoy —dijo suavemente el papá—. Quiere que cortemos nuestro árbol porque las hojas caen en su jardín y tiene que pasar el rastrillo muy seguido. El problema es que hay poca distancia entre nuestras casas.

Sol y Alex lo miraron boquiabiertos. No podían creer lo que les decía su padre.

Capítulo 2 Recuerdos maravillosos

Todos se quedaron en silencio por un momento.

—¡No! —dijo Sol—. Es nuestro árbol favorito. ¡Lo adoro desde que era bebé! ¡Y nosotros construimos una casa ahí arriba! ¡Trabajamos duro! —dijo Sol llorando.

—¡Así es! Y el árbol es viejo y hermoso. Ayuda a preservar limpio el aire. Además, nos da sombra cuando hay sol. Los árboles son importantes recursos de la Tierra —dijo Alex.

Todos tenían recuerdos especiales sobre el árbol y compartieron sus favoritos.

—Recuerdo cuando papá colgó el columpio —dijo Sol—. No podía creer el tamaño y lo fuerte que era la rama.

—No puedo ni calcular cuántas veces los columpié allí —dijo el papá.

Detective del lenguaje	Vuelve a escribir la frase subrayada en la página 7 usando el sujeto ella.

Todos los otoños, Sol y Alex saltaban en las enormes pilas de hojas coloridas.

—Uno de mis recuerdos favoritos es el entusiasmo que tenían cuando las hojas empezaban a caer —dijo la mamá—. ¡Las rastrillaban y luego saltaban sobre ellas!

—Las hojas tenían unos colores hermosos —dijo Alex—. Eran rojas y anaranjadas y amarillas.

—Recuerdo la vez que organizamos un pícnic para todo el vecindario —dijo el papá—. Hacía sumo calor y la gente trajo manteles y comida. Estaba agradable y fresco bajo la sombra de las ramas.

Todos opinaron que pocas veces la habían pasado mejor que ese día.

—No quiero deshacerme del árbol. Nos trajo muchos recuerdos maravillosos. Hay que hacer algo —dijo la mamá.

—Estoy de acuerdo. Tenemos que resolver este problema —exclamó Alex.

—¡Debemos salvar el árbol! —dijo Sol.

Capítulo 3 Salvemos nuestro árbol

Toda la familia se sentó a la mesa del comedor y analizó la situación.

—Creo que si hablamos con el Sr. Morris, podremos resolverlo —dijo el papá.

—El Sr. Morris puede ser testarudo a veces —dijo la mamá—. Debemos planear exactamente qué le vamos a decir. Necesitamos tener suficiente información.

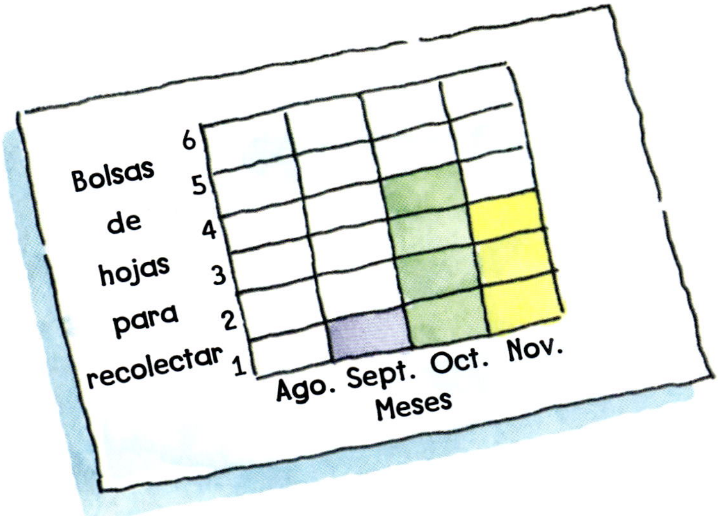

El día siguiente, Sol y Alex les contaron a sus amigos el problema que tenían con el árbol. Miguel propuso decirle al Sr. Morris que los árboles ayudan a mantener limpio el aire.

La familia analizó otra vez el problema.

—¡Tengo otra idea! —dijo Alex—. Si al Sr. Morris le preocupa que las hojas caigan en su jardín, puedo hacerle una gráfica que muestre cuándo caen las hojas. ¡Podríamos ayudarlo a rastrillar!

Todos consideraron que la gráfica era una buena idea para convencer al Sr. Morris de conservar el árbol.

El día siguiente, visitaron al Sr. Morris.

—Señor Morris, los árboles son muy importantes —dijo el papá—. Mantienen limpio el aire. Nos dan sombra en días calurosos. Además, este árbol es muy especial para nuestra familia. Si lo ayudamos a rastrillar las hojas, ¿podría considerar que lo conservemos?

Alex le mostró la gráfica al Sr. Morris. Él escuchó con atención y permaneció callado un momento. Luego dijo:

—Si es tan importante para ustedes y me ayudan a rastrillar, el árbol podrá quedarse.

¡El árbol se salvó! Todos los vecinos, incluso el Sr. Morris, vinieron a celebrar.

—¡Salvamos a nuestro hermoso árbol! —dijo Alex con orgullo.

—¡Es el día más feliz de mi vida! —exclamó Sol.

Fue un día maravilloso para todos.

Detective del lenguaje	Halla la frase subrayada en la página 14. Reescríbela usando tú como sujeto.

Respuesta a la lectura

Resumir

Usa detalles importantes para resumir *Nuestro hermoso árbol.*

Problema

↓

Pasos para la solución

↓

Solución

Evidencia en el texto

1. ¿Cómo sabes que *Nuestro hermoso árbol* es de ficción? **Género**
2. ¿Qué problema resuelven los personajes? Menciona los pasos para la solución. **Problema y solución**
3. ¿Qué palabra de la página 10 suena como *zumo* pero tiene otro significado? ¿Qué significa? **Homófonos**
4. ¿Qué le dijo la familia al Sr. Morris sobre por qué era importante salvar el árbol? **Escribir sobre la lectura**

Género Texto expositivo

Compara los textos

Lee sobre la tierra en la que crecen plantas y árboles.

¡TIERRA!

La tierra puede parecer algo sucio, pero es uno de los recursos más importantes del planeta. Es importante porque contiene provisiones que la gente y los animales necesitan. Está formada por fragmentos de roca, hojas y árboles. Muchos animales, como hormigas y lombrices, viven en ella.

Las lombrices hacen que la tierra sea más útil para todos.

Si llueve demasiado, hace mucho calor o hay mucho viento, la tierra se puede arruinar. Por eso, protegerla es importante. Un modo de hacerlo es sembrar. Las plantas y el pasto evitan que la tierra se vaya con el agua o se caliente demasiado. Algunos granjeros plantan árboles cerca de sus campos.

Tipo de suelo	Cualidades del suelo
ARENOSO	Grueso; permite que el agua drene.
ARCILLOSO	Suave; es difícil que crezcan cosas allí.
LIMOSO	Rico en nutrientes y perfecto para sembrar
COMPUESTO	Combinación de todos los tipos de suelo

Existen muchos tipos de suelo.

Muchas de las cosas que comes todos los días provienen de la tierra. Las papas y las zanahorias crecen bajo la tierra. Otras verduras, como las habichuelas, crecen en plantas en la tierra. También las frutas. Los melones crecen en plantas rastreras. ¡La tierra es muy importante para todos!

Los tomates también necesitan tierra para crecer.

Haz conexiones

¿Cómo ayudan los granjeros a proteger la Tierra? **Pregunta esencial**

¿Por qué es importante proteger los árboles y la tierra? **El texto y otros textos**

Enfoque:
Ciencias

Propósito Hallar maneras de proteger el medio ambiente

Paso a paso

Paso 1 Con un compañero o una compañera, piensa de qué maneras se podría proteger el medio ambiente y salvar a la Tierra.

Paso 2 Haz una lista de cosas que podrías hacer.

Paso 3 Usando tu lista, haz un cartel con tus ideas favoritas.

Conclusión Comparte el cartel con tu familia. Pídeles que intenten poner en práctica tus ideas.